AF370943

VENTE DU 8 FÉVRIER 1906

HOTEL DROUOT – Salle N° 1

à 2 heures

TABLEAUX

ANCIENS & MODERNES

Pastels & Dessins
Meubles
Glaces, Cadres bois sculpté

DÉPENDANT DE LA SUCCESSION DE

M. Etienne NOUVION

Me André COUTURIER

Commissaire-Priseur

Mrs CHAINE & SIMONSON

Experts

CATALOGUE

DES

TABLEAUX

ANCIENS & MODERNES

Pastels & Dessins
Meubles
Glaces, Cadres bois sculpté

LIVRES, GRAVURES, ESTAMPES

PORCELAINES, FAIENCES, ÉTOFFES, Etc.

Dépendant de la succession de

M. ETIENNE NOUVION

Dont la vente aura lieu par suite d'acceptation bénéficiaire et en vertu d'ordonnance

HOTEL DROUOT — SALLE N° 1

Le Jeudi 8 Février 1906

à 2 heures

Mᵉ ANDRÉ COUTURIER COMMISSAIRE-PRISEUR Succᵉ de Mᵉ Léon TUAL *56, Rue de la Victoire, 56*	**MM. J. CHAINE & SIMONSON** EXPERTS **19, Rue Caumartin, 19**

CHEZ LESQUELS SE DISTRIBUE LE CATALOGUE

EXPOSITION PUBLIQUE

Le Mercredi 7 Février 1906 — SALLE N° 1

de 1 h. 1/2 à 5 h. 1/2

CONDITIONS DE LA VENTE

Elle sera faite au comptant.

Les acquéreurs paieront *dix pour cent* en sus des prix d'adjudication.

L'exposition mettant le public à même de se rendre compte de l'état et de la nature des objets, aucune réclamation ne sera admise une fois l'adjudication prononcée.

TABLEAUX, PASTELS

ET

DESSINS

5 20 1. Ecole française, *Portrait présumé de Madame Roland.*

2. Ecole Italienne, *Christ au roseau.*

3. Louis Deschamps, *Portrait de jeune femme.*

4. Inconnu, *Tête de jeune fille.*

5. Boilly (attribué à), *Portrait présumé du peintre Sigalon.*

6. Ecole Flamande, *Portrait de la Reine Elisabeth.*

7. Elle Ferdinand (attribué à), *Portrait présumé de Mlle de la Sablière en Diane chasseresse.*

8. Ecole Bolonaise, *Le Triomphe de l'Amour.*

9. Boucher (d'après), *La Fécondité, dessus de porte.*

10. Le Quesne, *Allégorie : Le Printemps.*

11. Poussin N. (école de), *Moïse en prière devant le buisson.*

340 12. Lépicié (attribué à), *Portrait présumé de D'Alembert.*

13. Inconnu, *Baigneuses.*

100 14. Ecole de Lebrun, *Portrait de Louis XIV.*

160 15. Ecole française, *Gentilhomme du temps de Louis XVI.*

16. Ecole romaine, *La Vierge.*

17. Corot (d'après), *Effet du soir.*

18. Ecole française, *Portrait de femme, XVIIe siècle.*

19. Ecole française, *Portrait de femme.*

222 20. Ecole française, *Portrait d'un Numismate.*

21. Ecole française, *Portrait de femme.*

22. Dughet (attribué à), *Effet de soleil après l'orage.*

170 23. Ecole française, *Bacchanale.*

24. Duvergier, *Portrait de jeune fille.*

25. Ecole hollandaise, *Portrait d'homme à bonnet de fourrure.*

150 26. Ecole française, *Portrait de femme, pastel.*

27. Ecole française, *Portrait de la Reine Marie Leckzinska.*

28. Inconnu, *Tête de jeune fille, esquisse.*

29. Griffier, *La vengeance de Thomiris.*

30. Ecole française, *Petite fille lisant.*

31. Vouet Simon (attribué à), *La Nativité.*

32. Ecole flamande, *Scène villageoise.*

33. Lequesne, *Les deux Sphinx.*

34. Ecole française, *Portrait de femme.*

35. Ecole française, *Tête de jeune fille, pastel.*

36. Ecole française, *Jeune femme décolletée, pastel.*

37. Saint-Meuris, *Paysage.*

38. Ecole française, *Portrait d'homme.*

39. Ecole française, *Portrait de femme.*

40. Ecole Italienne, *Jo et Jupiter.*

41. Ecole de Mignard, *Portrait de femme.*

42. Ecole française du XIXe siècle, *Portrait d'enfant.*

43. Ecole française, *Portrait d'homme, costume de velours.*

44. Ecole française, *Portrait de femme.*

45. Natoire (genre de), *Jupiter et Vénus, dessus de porte.*

46. Mignon Abraham (genre de), *Nature morte.*

47. Bril Mathieu, *Raisins sur un plateau.*

48. Desportes (genre de), *Chien épagneul en arrêt.*

49. Ecole hollandaise, *Le Triomphe de Silène.*

50. Lefèbvre, *Salade aux œufs durs.*

51. Ecole flamande, *Nature morte.*

52. Ecole de J. Vernet, *Vue d'un port.*

53. Nuzzi Mario (genre de), *Fruits-Fleurs.*

54. Nature morte, *Raisins dans une coupe d'or.*

55. Ecole de J. Vernet, *Vue d'un port.*

56. Ecole française, *Enfant mangeant des pommes.*

57. Millet Francisque, *Paysage historique.*

58. Ecole française, *Enfants donnant la becquée à un oiseau.*

59. Ecole française, *Le jeune sculpteur.*

60. Ecole française, *Combat de Turnus et d'Énée.*

61. Ecole française, *Portrait d'homme.*

62. Ecole française, *Portrait de femme.*

63. Wauters (C.), *Le Petit Taupier.*

64. Robert-Fleury (d'après), *Scène historique.*

65. Inconnu, *Tête d'Enfant.*

66. Panini (genre de), *Ruines.*

67. Ecole Française, *Portrait d'homme en bas à droite des armoiries, sur un cartouche, Micaël Ricou 1608.*

68. Portrait de George Sand, *Cadre en bois.*

69. Ecole française, *Portrait de femme, cadre bois.*

70. Ecole espagnole, *La Flagellation.*

71. Ecole française, *Portrait présumé du Cardinal Fleury.*

72. Deschamps (Louis), *La Nativité, dessin à la plume.*

73. Blès (Henri de), *Tobie et l'Ange, signé de la Chouette dans un arbre.*

74. Ecole italienne, *Vénus et Adonys, cadre bois.*

75. Ecole française, *Scène champêtre, dessus de glace, cadre bois.*

76. Ecole française, *Les bulles de savon.*

77. Aligny (C.), *Portrait d'homme.*

78. Aligny (C.), *Portrait de femme.*

79. Castiglione (J. de), *Départ de Jacob de chez Laban*.

80. Ecole espagnole, *Allégorie : Pomone*.

81. Ecole espagnole, *Allégorie : l'Hiver*.

82. Trois gravures en couleurs, d'après de Troy, *l'Histoire d'Esther*.

83. Quatre gravures en couleurs, *Paul et Virginie*.

84. Gouache, *Vénus recevant de Vulcain les armes d'Achille*.

85. Ecole française, *pastel, Tête de femme*.

86. Ecole française, *nature morte : Fruits, cadre bois sculpté*.

87. Ecole française, *nature morte : Fruits, cadre bois sculpté*.

88. Eckout, *Arrestation de Marie Stuart*.

89. Ecole française 1820, *Fête champêtre*.

90. Ecole de Rubens, *Dessin*.

91. Rubens (d'après), *Descente de croix, sur cuivre*.

92. Ecole allemande, *Portraits de deux évêques*.

93. Quatorze gravures en couleurs, *têtes d'hommes et têtes de femmes*.

94. Treize morceaux de toiles décoratives, *Semis de fleurs avec attributs, époque Louis XVI.*

95. Sous ce numéro. Les tableaux études non catalogués, division.

96. Sous ce numéro. Les cartons, gravures, dessins, photographies, division.

MEUBLES & OBJETS DIVERS

97. Commode Louis XIV.

98. Ameublement de salle à manger, moderne style.

99. Ameublement de chambre à coucher acajou et ornements en bronze doré.

100. Deux fauteuils bois laqué blanc Louis XVI.

101. Lot de sièges, dossiers et manchettes en tapisserie.

102. Lot d'étoffes anciennes, velours.

103. Glaces cadres bois sculpté d'époque et de style Louis XIV, Louis XV et Louis XVI. (Ce lot sera divisé).

104. Porcelaines et faïences diverses.

105. Deux salières argent, style Louis XVI.

106. Deu mortiers en bronze.

107. Livres.

108. Objets non catalogués.

I. SCHILLER, IMP., PARIS